À l'école de
DANSE

Fais tes premiers pas de danse classique

Un livre Dorling Kindersley
www.dk.com

Édition originale publiée en Grande-Bretagne en 2003
par Dorling Kindersley Ltd, Londres, sous le titre
Ballet School

POUR L'ÉDITION ORIGINALE

Conception graphique : Lisa Lanzarini
Édition : Julia March
Consultant : Jane Hackett
Direction éditoriale : Mary Atkinson
Direction artistique : Mark Richards
Production : Nicola Torode, Erica Rosen

POUR L'ÉDITION FRANÇAISE

Auteur : Naia Bray-Moffatt
Photographe : David Handley
Traduction française :
Lise-Éliane Pomier / ATELIER BRIGITTE ARNAUD

 5757, RUE CYPIHOT
SAINT-LAURENT (QUÉBEC)
H4S 1R3

www.erpi.com/documentaire

Dépôt légal : 4e trimestre 2003
Bibliothèque nationale du Québec
Bibliothèque nationale du Canada
ISBN 2-7613-1537-5
K 15375

Imprimé en Slovaquie
Édition vendue exclusivement au Canada.

À *l'école de* DANSE

Fais tes premiers pas de danse classique

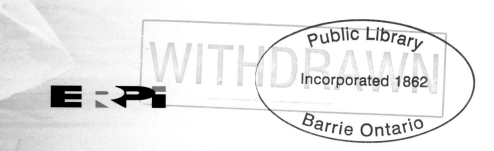

ERPI

Sommaire

Introduction

Dès que les enfants savent marcher, ils aiment danser.
Ce livre parle d'une sorte de danse un peu particulière, la danse
classique, qui obéit à des règles très précises. C'est une discipline
passionnante, qui apporte de grandes joies et convient aux
garçons comme aux filles. Apprendre ensemble permet aussi
de se faire de nouveaux amis et d'entrer, main dans la main,
dans un monde d'élégance, de grâce et de féerie.

Les préparatifs

La première chose que fait Chloé, c'est de signer le registre d'entrée, pour signaler son arrivée.

Chloé arrive au cours de danse pour la première fois. Elle est un peu nerveuse, mais très contente, car elle attend ce moment depuis longtemps. Elle a préparé tout ce dont elle a besoin. À vrai dire, il ne lui faut pas grand-chose : une brosse et un ruban pour tenir ses cheveux en arrière, une tenue spéciale et des chaussons de danse. Pour danser, elle porte une combinaison moulante appelée justaucorps, qui permet au professeur de vérifier qu'elle fait les bons mouvements.

Changer de vêtements

Au vestiaire, Chloé rencontre une autre élève, Estelle. Chloé est ravie d'avoir une nouvelle amie. Chacune aide l'autre à se préparer. Elles se mettent en tenue et sont très vite prêtes à suivre leur premier cours.

Propres et nets

Il est important pour les danseurs d'être toujours propres et nets et de garder leur liberté de mouvement. Chloé aide Estelle à attacher ses cheveux, pour qu'ils ne lui tombent pas dans la figure ou dans les yeux, et qu'elle voie bien ce qu'elle fait.

La tenue de danse

Le petit sac de Chloé n'est pas très lourd. Elle enfile une combinaison rose pour faire les exercices et met des chaussons spéciaux. Le tutu est réservé aux spectacles et aux manifestations en public.

Les chaussons de danse peuvent être en cuir, en toile ou en satin. Ils sont très souples, pour permettre aux pieds de prendre toutes les positions.

Bienvenue au cours

Le cours de danse se déroule dans une grande salle appelée studio. Chloé et les autres enfants peuvent ainsi courir, sauter et tourner en toute liberté. L'un des murs est couvert de miroirs en pied, pour que les jeunes danseurs puissent rectifier la position, si nécessaire. Le sol parqueté, légèrement glissant, permet de réaliser les figures sans effort. La barre est un accessoire indispensable : elle aide à garder l'équilibre pendant les exercices.

Anna elle-même a appris à danser dans une école de danse, pour devenir ensuite professeur. Elle apprend aux élèves à faire leurs mouvements correctement.

Anna vérifie le registre d'inscription et souhaite la bienvenue à ses élèves.

La barre

Elle est en réalité composée de deux barres placées l'une au-dessus de l'autre et fixées solidement au mur. On la tient d'une main ou des deux pendant les exercices.

Le miroir

Le piano

La musique

Les danseurs apprennent à se mouvoir en suivant le rythme de la musique, et à exprimer par leurs mouvements les mêmes émotions. Pendant le cours de danse, une pianiste accompagne les évolutions des élèves.

Chloé fait une révérence.

L'échauffement

Le cours de danse commence toujours par des exercices sans violence, pour habituer à l'effort tous les muscles du corps. C'est très important, pour ne pas risquer un claquage et pour danser harmonieusement. Cette partie du cours se déroule dans le calme. Elle te permet aussi de te concentrer sur toutes les nouvelles choses que tu apprends.

Pour commencer l'échauffement, les élèves s'assoient en cercle, jambes bien tendues. Alex a beaucoup de mal à tendre les jambes et Anna l'aide à coller ses genoux au sol.

S'asseoir bien droit

Cet exercice permet d'assouplir les bras et les doigts.

Le jeu de la couronne

Pour leur apprendre à se tenir droit, Anna demande aux enfants d'imaginer qu'ils portent sur la tête une couronne royale et, autour du cou, de beaux colliers qu'ils sont fiers de montrer.

Elsa lève la tête pour regarder s'il y a une araignée au plafond.

1. Tête levée

2. Tête baissée

Tête levée, tête baissée

Pour échauffer les muscles du cou, Anna demande aux enfants de lever les yeux au plafond et d'y chercher une araignée imaginaire. Ensuite, ils sont invités à la suivre des yeux jusqu'au sol.

Garder la posture

Maintenir une attitude correcte, la tête haute et le dos droit, est l'une des premières choses que l'on apprend avant de savoir danser. Une bonne posture permet de garder l'équilibre et d'avoir l'air d'une vraie danseuse.

Lison se tient aussi droite que possible. Elle ne doit pas oublier de rentrer le ventre.

Lison pose ses mains sur ses épaules, ce qui l'aide à redresser le dos.

Fléchir les chevilles échauffe les muscles des pieds et des jambes.

Sur cette photo, Lison se tient mal. Comme le dit Anna, elle a le dos « en banane ».

13

L'assouplissement

Les danseurs doivent pouvoir exécuter en douceur toutes sortes de mouvements. C'est pourquoi ils doivent faire régulièrement des exercices d'assouplissement. Il faut absolument réaliser ces exercices sans brutalité, de manière à échauffer progressivement les muscles. Les exercices que l'on fait en position assise permettent de se concentrer sur le haut du corps.

Le corps bien droit et les pieds joints en losange, semelle contre semelle, Lison pousse lentement sur ses genoux, pour étirer les muscles de l'intérieur de la cuisse.

Mouvements de bascule

Il s'agit maintenant d'étirer les muscles situés sur le côté du tronc, en oscillant de droite à gauche. Lison imagine que ses bras en couronne sont les branches d'un arbre balancées par le vent. Le vent « souffle » d'abord vers la gauche, puis vers la droite.

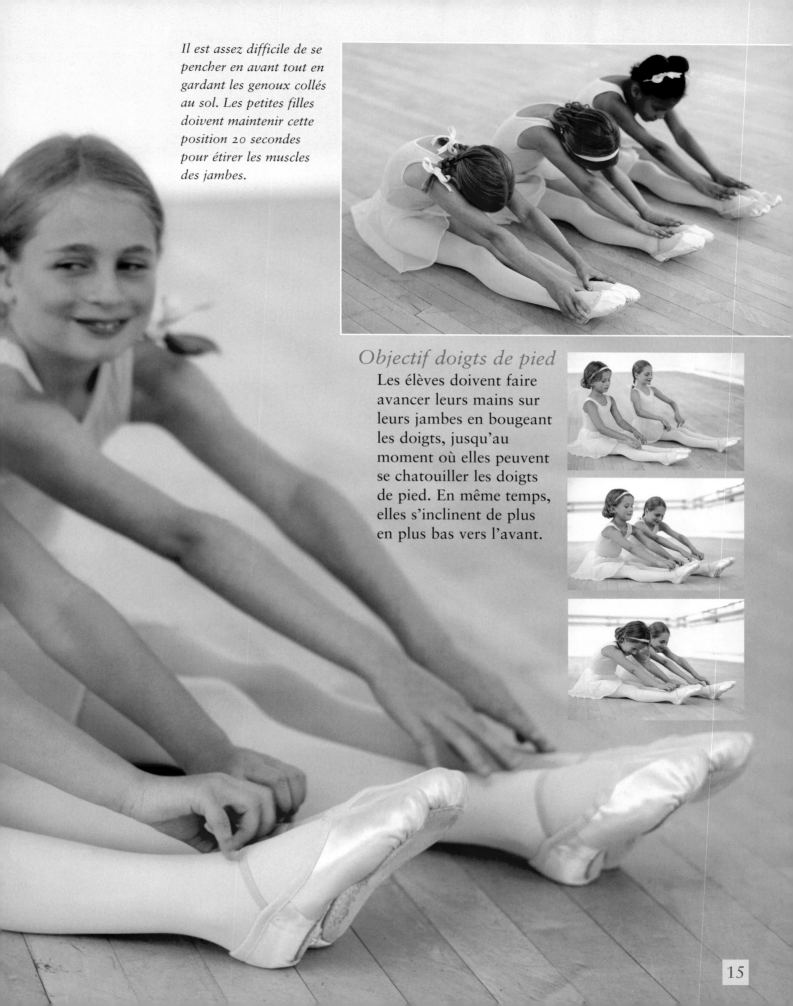

Il est assez difficile de se pencher en avant tout en gardant les genoux collés au sol. Les petites filles doivent maintenir cette position 20 secondes pour étirer les muscles des jambes.

Objectif doigts de pied

Les élèves doivent faire avancer leurs mains sur leurs jambes en bougeant les doigts, jusqu'au moment où elles peuvent se chatouiller les doigts de pied. En même temps, elles s'inclinent de plus en plus bas vers l'avant.

Lison, Chloé et Elsa ont pris respectivement avec leurs pieds la première, la deuxième et la troisième position. Elles apprendront un peu plus tard les deux dernières, qui sont plus complexes.

Les positions

Après l'échauffement, les élèves sont prêts à apprendre les positions de base de la danse classique. Pour pouvoir réaliser les figures d'un ballet, il est indispensable de savoir comment placer ses pieds et ses mains. On commence par la position des mains. La position des pieds est plus précise et plus délicate.

1 Pour la première position, tu tiens les bras en couronne devant toi, les talons joints. Ensuite, tu ouvres les pieds et les jambes aussi largement que possible, sans bouger les talons.

2 Pour la deuxième position, tu écartes les bras, en laissant les coudes légèrement fléchis et les paumes vers l'intérieur. Tu écartes les talons de 30 cm, les orteils vers l'extérieur.

3 En troisième position, tu ramènes un bras devant toi, en laissant l'autre sur le côté. N'oublie pas de garder les paumes vers l'intérieur. Le talon opposé au bras fléchi vient se placer au milieu de l'autre pied.

1ʳᵉ position

2ᵉ position

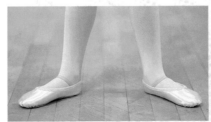

3ᵉ position

« Je sais prendre la cinquième position avec mes bras, mais, pour les pieds, je n'ai pas encore appris. »

Chloé

4 En quatrième position, le bras de côté reste en place, et l'autre est fléchi en souplesse au-dessus de la tête. Le pied opposé au bras levé se place parallèlement devant l'autre, à une dizaine de centimètres.

4ᵉ position

Anna porte des chaussons de danse appelés pointes, pour montrer aux enfants les positions plus difficiles.

Le plus compliqué, c'est de coordonner les mouvements des pieds et des mains.

5 En cinquième position, les deux bras sont relevés en arceau au-dessus de la tête. Les pieds sont croisés et doivent se toucher, pointes contre talons.

5ᵉ position

17

La barre *se compose souvent de deux* barres *superposées, pour s'adapter à des danseurs de taille différente.*

Exercices à la barre

Il est temps, maintenant, de faire quelques exercices à la barre. Se tenir du bout des doigts permet de garder l'équilibre, tout en restant concentré sur l'enchaînement des mouvements. Les premiers exercices sont très simples.

Pliés

Les *pliés* sont des mouvements de jambes qui peuvent s'associer aux cinq positions de base. Pour commencer, tu apprendras à réaliser un *demi-plié*, léger fléchissement des genoux. Plus tard, avec un peu d'entraînement, tu pourras passer au *grand plié*, en position presque accroupie. La danseuse de droite a placé ses pieds en cinquième position.

Lison fait ici un demi-plié, *les pieds en première position, talons collés au sol.*

1 Les élèves se placent face à la barre *et y posent délicatement leurs mains. Les coudes doivent se trouver un peu plus bas.*

Origine

Les différents pas de la danse classique ont été définis au XVIIᵉ siècle, pendant le règne de Louis XIV ! C'est en France que l'on a créé les premiers ballets.

2 *Maintenant, ils se soulèvent lentement sur les demi-pointes. C'est ce qu'on appelle un relevé.*

Après avoir appris la bonne position face à la barre, les élèves se placent de côté et tiennent la barre d'une seule main.

L'équilibre

Maintenant, *les élèves* se tiennent debout au milieu de la salle. Ils vont apprendre à se tenir en équilibre sans toucher la *barre*. Nous savons à tout moment de la journée comment garder notre équilibre, en marchant, en courant ou même en enfilant nos chaussures. Mais c'est beaucoup plus difficile quand on réalise des figures de danse. C'est une bonne occasion de mieux connaître son corps.

Ne pas tomber

Chloé essaie de faire un relevé sans se tenir à la *barre*. Il est difficile de ne pas vaciller. Pour se tenir bien droite, elle fixe son regard sur un objet, devant elle, et ne le lâche pas des yeux.

Le dégagé

Dégager, signifie éloigner l'une de ses jambes de la jambe d'appui en la faisant glisser de côté. Pour réaliser correctement un *dégagé*, il faut apprendre à transférer lentement tout le poids du corps sur la jambe d'appui. Avec de la pratique, tu y arriveras très bien.

Dégagé

1 Pour commencer, place tes pieds en première position, mains sur les épaules. Regarde droit devant toi.

2 Ensuite, fais glisser une jambe, le pied bien tendu sur le côté. Étends ton pied en prenant appui sur l'autre jambe.

3 Pose au sol le talon de la jambe déplacée en gardant le buste bien droit. Ton poids est réparti sur tes deux jambes.

4 Bascule ton poids sur l'autre jambe pendant que tu tends le deuxième pied. Ensuite, rapproche-le et reprends la première position.

L'échassier
Les élèves, mains
sur les hanches,
lèvent un genou à hauteur
de la taille et essaient de trouver leur
équilibre. Jambe levée, ils ouvrent leurs
bras en se faisant aussi grands que
possible, pour ressembler à un flamant
rose ou à une cigogne !

Garder le rythme

Chloé et ses amis, bien sûr, savent courir, marcher à grandes enjambées et faire des glissades dans la cour de récréation. Pour réaliser une figure de ballet, c'est très différent. Tu devras apprendre à courir avec légèreté, à sauter, à trouver la bonne position une fois en l'air et à bouger avec élégance.

Elsa, les jambes bien tendues, prend appui sur ses pieds pour sauter plus haut.

Skipping

Pour sauter d'un pied sur l'autre, la technique est la même que pour se tenir sur une seule jambe, à la manière d'un grand oiseau. Mais cette fois, il faut le faire en l'air. Tends bien les orteils et garde la jambe d'appui bien droite.

Les filles se préparent à traverser la salle en courant. Elles tiennent leur jupe avec grâce.

Marcher au pas

Frapper dans ses mains

Les garçons apprennent à marcher au pas au rythme de la musique, en gardant les bras bien droits et les pieds tendus. Marc lève sa main droite en même temps que son pied gauche, et inverse-ment. En frappant dans ses mains, Alex marque la mesure.

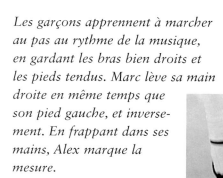

Les mouvements
de la danse
classique doivent
rester aériens,
délicats, mais
parfaitement
maîtrisés.

Chloé, Lison et Elsa prennent
beaucoup de plaisir à courir
avec légèreté, sur la pointe
des pieds et sans se bousculer.

23

Sauts et entrechats

Cette partie du cours est beaucoup plus dynamique et bondissante. Il existe plusieurs sortes de sauts, que les danseurs professionnels réalisent avec virtuosité pendant un ballet, et que tu apprendras toi aussi. N'oublie pas que ce sont des exercices complexes, et que tu dois t'y préparer avec soin pour ne pas te blesser. Ces figures acrobatiques doivent toujours rester souples et gracieuses, comme si elles ne demandaient aucun effort.

Lison et Alex sont très intéressés par la photo d'anciens élèves qui réalisent des sauts superbes. Un jour, ils parviendront au même résultat, c'est certain.

Sauts en extension

Pour réaliser correctement un saut compliqué, il faut savoir quels sont les muscles qui entrent en jeu. Le meilleur moyen de s'en rendre compte est de faire semblant, allongé sur le sol. Les élèves tendent leurs mains et leurs pieds aussi loin que possible, et mémorisent ces mouvements.

Sauts en extension...
mais, pour l'instant, au ras du sol !

Attention, prêts, partez !

Avant de sauter, il faut rassembler ses forces. Plie les genoux, prends ton élan, et imagine que tu es une fusée spatiale prête à l'envol. À toi de jouer !

Après l'apprentissage, la pratique ! Marc saute aussi haut que possible, en tendant bien ses bras et ses jambes.

Les garçons adorent cette partie du cours, qu'ils trouvent très tonique. Lorsque leurs muscles seront entraînés, ils pourront apprendre des sauts plus compliqués.

Alex et Marc imaginent qu'ils doivent traverser une rivière infestée de crocodiles. Ils sautent très haut, pour ne pas être mangés tout crus !

« C'est le moment que je préfère. Je sais sauter très haut, maintenant. »

Marc

L'improvisation

Debout autour du piano, les élèves écoutent attentivement la musique.

À *la fin du cours*, Anna laisse les enfants inventer leur propre danse. Ils écoutent d'abord la musique. Ensuite, ils choisissent les pas qu'ils ont envie de réaliser sur cette musique. Le rythme est-il rapide ou lent ? L'ambiance créée est-elle triste ou joyeuse ? Il est temps pour chaque élève d'imaginer une histoire et de l'exprimer par des pas de danse.

Utiliser l'espace

Les élèves s'écartent les uns des autres pour ne pas se gêner. Souvent, pendant un ballet, les danseurs sont très nombreux sur scène, et ils doivent apprendre à contrôler et à mesurer leurs mouvements. Aujourd'hui, tu peux occuper toute la place que tu veux.

Exprimer ses sentiments

Pour communiquer ses émotions aux spectateurs, le danseur modifie l'expression de son visage en fonction de l'histoire qu'il raconte. Il se sert de ses yeux, de sa bouche, de l'inclinaison de sa tête.

L'air effrayé,   triste,   fâché,

Les élèves prennent différentes expressions pour exprimer ce qu'ils ressentent.

Figures libres

Quand ils seront grands, les enfants effectueront des figures très précises sur un thème bien connu, car les figures d'un ballet sont soigneusement déterminées. Mais, pour l'instant, ils sont libres de raconter leur propre histoire en choisissant les pas qu'ils préfèrent.

Avant de commencer, les filles enfilent des tutus et s'aident l'une l'autre à nouer de jolis rubans autour de leur taille.

S'habiller fait partie du spectacle. Tous les enfants adorent se déguiser. Ce tutu romantique aide Lison à évoluer avec grâce, comme si elle était une ravissante princesse.

timide, **heureux.**

27

Un cours de danse réussi

Un cours de danse n'est jamais monotone : il y a toujours tant de choses nouvelles à apprendre ! Parfois, tu réussis un exercice du premier coup ; en d'autres occasions, tu te rends compte qu'il te faudra beaucoup de temps pour que tes mouvements soient parfaits. Il y a sûrement des moments qui te sembleront plus agréables que d'autres, mais il faut savoir que tous les exercices sont utiles.

Un cours de danse est :

Artistique

Amusant

Convivial

Échauffement : *au début du cours, les exercices sont lents et progressifs. Il faut avant tout échauffer les muscles des bras, des mains et des jambes, afin de réaliser des pas harmonieux.*

Les postures : *le professeur propose aux élèves toutes sortes de jeux, qui permettent d'apprendre en s'amusant. Faire semblant de porter une couronne, par exemple, aide à se tenir bien droit.*

Ensemble : *certaines parties du cours te donneront l'occasion de travailler en équipe et d'apprendre à adapter tes mouvements à ceux de tes camarades.*

Dynamique

Créatif

Chaleureux

Les sauts : *cette partie du cours demande beaucoup d'énergie. Avec des muscles bien exercés, tu peux sauter très haut et te dépenser avec ardeur..*

L'improvisation : *tu dois mettre à profit ton imagination pour créer une danse rien qu'à toi. Pour cela, tu peux utiliser tous les pas que tu aimes.*

Le salut final : *à la fin du cours, chaque élève prend congé du professeur en lui faisant la révérence, pour lui dire merci et au revoir.*

Les pointes

Chloé est impatiente de porter des *pointes*… mais elle devra attendre encore un peu. Les pieds et les jambes d'une petite fille sont encore trop fragiles pour supporter tout le poids du corps. Ce n'est que vers 11 ou 12 ans, et après plusieurs années de pratique, qu'elle pourra commencer à « faire des *pointes* », pendant quelques minutes seulement, avec des chaussons spéciaux qui portent le même nom. Les messieurs ne dansent pas sur *pointes*, seules les danseuses réalisent ces figures élégantes.

Chloé aide Marie à nouer les jolis rubans sur ses chaussons.

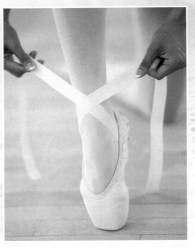

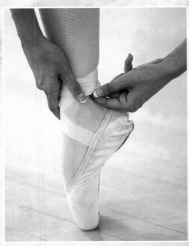

1 Pour nouer les rubans, on les saisit à 10 cm du chausson, en les tendant bien.

2 Ensuite, on les croise sur le dessus du pied et on les ramène bien à plat sur la cheville.

3 On les croise à l'arrière du pied et on les noue juste au-dessus de l'articulation.

4 On rentre les extrémités sous la boucle, pour rendre le nœud plat et ne pas gêner les mouvements.

Chloé imagine qu'elle a le droit de porter des pointes. Mais elle sait que ce ne sera possible que lorsque le professeur la trouvera assez grande et assez forte. Elle devra alors apprendre à nouer correctement les rubans.

Les pointes

L'usage des pointes s'est répandu au XIXe siècle, pendant la période romantique, parce que cette position donne à la danseuse une légèreté presque féerique. Le bout rigide des chaussons est fait de plusieurs épaisseurs de toile collées entre elles et recouvertes de satin, un matériau très fragile. Il arrive que les danseuses utilisent successivement trois paires de pointes pour un seul ballet.

5 Les larges rubans maintiennent l'articulation pendant que la danseuse fait des *pointes*.

L'exemple des « anciens »

Les élèves ont bien travaillé, et Anna estime qu'ils méritent une récompense. Le moment est venu de faire une pause et d'admirer les évolutions des élèves plus âgés. Le spectacle est intéressant et, de cette façon, les plus jeunes se rendent compte des progrès qu'ils devront faire pour acquérir les mêmes techniques.

Les élèves sont ravis de suivre le spectacle que leur offrent leurs aînés. C'est aussi une façon d'apprendre par l'exemple.

Marc a beaucoup aimé le saut de Martin. Il veut essayer à son tour.

La concentration

Il est difficile, en l'air, de garder les bras et les jambes bien tendus. Il faut aussi calculer l'endroit où l'on veut toucher le sol.

Marc essaie de sauter comme Martin. C'est bien, mais il doit encore faire des progrès pour pouvoir sauter aussi haut et aussi légèrement.

« *C'est une sensation merveilleuse de planer dans les airs, mais il faut se concentrer à chaque seconde.* »

Martin

Martin effectue un grand saut dans les airs, qu'on appelle un grand jeté. On dirait qu'il vole avec légèreté, comme une plume.

La préparation

Martin doit échauffer ses muscles avant de sauter, en particulier ceux des jambes et des pieds. Mieux il se prépare, mieux il saute.

Lorsque Marie réalise une arabesque, tout le poids de son corps porte sur son pied tendu, et Martin l'aide à tenir en équilibre.

Arabesque *sur* pointes

Pas de deux

Après la magnifique performance de Martin, Marie le rejoint pour montrer aux enfants que danser en couple permet de réaliser des figures très délicates. Sans le secours de son partenaire, Marie ne maintiendrait pas aussi longtemps la position. C'est ce qu'on appelle un *pas de deux*, l'une des figures les plus élégantes d'un ballet.

Travail d'équipe

Bien que les élèves ne puissent réaliser un *pas de deux* que lorsqu'ils ont 15 ou 16 ans, ils s'entraînent depuis le début à danser en couple, pour coordonner leurs mouvements. C'est un apprentissage très difficile. La danseuse doit être souple et résistante, mais le danseur doit être assez fort pour soulever sa partenaire et la porter à bout de bras.

Pour danser en couple, il faut bien s'entendre. Chacun doit chercher à faciliter le travail de l'autre.

L'arabesque

Cette superbe figure demande un grand sens de l'équilibre et des muscles solides. La danseuse déploie ses bras et ses jambes au maximum, et Martin adapte sa position à celle de Marie.

Martin est assez fort pour maintenir Marie et lui permettre de réaliser ce mouvement plongeant. La danseuse doit avoir une confiance absolue dans son partenaire.

Martin soulève Chloé à hauteur de son épaule, et la petite fille apprécie l'expérience. Elle n'a pas peur du tout, car elle sait que Martin la tient solidement.

« *Anna nous a montré l'un des costumes du ballet intitulé* Le Lac des cygnes. *Il est noir, car c'est celui du méchant cygne noir, mais il est magnifique.* »
Elsa

Évolutions sur scène

Les élèves expriment bruyamment leur satisfaction. Ils applaudissent Martin et Marie qui viennent d'entrer dans le studio avec leurs beaux costumes.

Pour la dernière partie de leur démonstration, Martin et Marie ont revêtu leurs costumes de scène. Les costumes d'un ballet sont superbes, mais il faut aussi qu'ils soient souples et confortables, pour que les danseurs puissent faire tous les mouvements sans être gênés, et pour que les spectateurs puissent apprécier leur souplesse et leur maîtrise.

Martin doit savoir exactement où se placer pour tenir Marie sans gêner ses mouvements.

L'attitude derrière

Cette position ressemble beaucoup à l'arabesque, à ceci près que le bras de la danseuse est levé, tandis que l'une de ses jambes est relevée à l'arrière, et non tendue.

Le salut final

À la fin d'un numéro de danse, le danseur s'incline très bas et la danseuse fait une gracieuse révérence pour remercier le public de son attention et de ses applaudissements.

Aider Marie à tenir l'équilibre ou la soulever de terre est un exercice plus difficile pour Martin lorsque sa partenaire porte son costume de scène.

À la fin de la démonstration, Chloé offre à Marie un bouquet de fleurs, pour la remercier de la part de tous ses camarades.

La fête de fin d'année

Pendant plusieurs mois, les élèves ont travaillé dur pour mettre au point un spectacle de danse et le présenter à leurs parents. Ils sont impatients de montrer à tous ce qu'ils sont capables de faire. C'est très impressionnant de danser en public pour la première fois, mais c'est une grande joie pour les enfants d'être applaudis !

Les enfants mettent leurs costumes et se maquillent, pour se préparer à ce premier spectacle.

Chloé dessine des moustaches sur les joues de Lison, qui va jouer le rôle d'un chat.

Alex doit présenter la danse du renard.

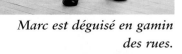

Marc est déguisé en gamin des rues.

Les personnages

Les élèves ont choisi leur personnage et ses accessoires. Alex porte une grande queue de renard et Marc un petit chapeau.

Le maquillage

Le maquillage de scène aide à définir un personnage. Les danseurs se maquillent eux-mêmes. Les traits et les couleurs sont toujours un peu exagérés, car le public doit les voir de très loin.

Les costumes

Le costume renseigne le public sur le personnage incarné par le danseur ou la danseuse. Certaines tenues de scène sont très simples, car il suffit de suggérer. Une grande queue cousue sur le justaucorps et des oreilles de chat transforment complètement Lison.

C'est amusant de se maquiller pour entrer dans la peau d'un personnage, et Lison est ravie.

Lison le chat est prêt à bondir !

Lison s'efforce de marcher comme un chat, à petits pas légers et gracieux.

« *Chaque fois que je danse,
c'est magique. Quand je serai
grande, je serai danseuse.* »

Chloé

Chloé en vedette

La plupart des ballets racontent une histoire,
d'autres suggèrent un état d'esprit ou démontrent
une idée. De toute façon, les danseurs doivent
déployer leur talent et manifester leur virtuosité.
Le ballet est un spectacle que l'on présente au
public. Lorsque Chloé propose son numéro
de princesse, elle ne danse pas pour elle
seule, elle danse pour ceux qui la
regardent, sa famille et ses amis,
et son objectif est qu'ils se sentent
heureux de la regarder.

Il était une fois…

Chloé a mis au point une série de
pas qu'elle enchaîne pour raconter
au public l'histoire d'une jolie
princesse de conte de fées.
Elle tourbillonne, glisse et
s'élance dans les airs, légère
et gracieuse, comme si elle était
Cendrillon courant à la rencontre
du prince charmant.

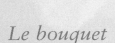

Le bouquet

À la fin de sa danse,
le public applaudit très
fort. Chloé se sent très
heureuse. Elle fait une
révérence, et c'est à son tour
de recevoir un gros bouquet de
fleurs : jolie façon de la remercier
de sa performance très réussie.

43

Estelle

Lison

Marc

Elsa

Chloé

Alex

« *Apprendre la danse classique, c'est super. J'adore ça,
parce qu'Anna, notre professeur, est très gentille, et
parce que j'ai rencontré plein de nouveaux copains.* »

Lison

Glossaire

A

Arabesque : position en équilibre sur une jambe, tandis que l'autre est tendue vers l'arrière, bras à l'horizontale.

Attitude : même position que l'arabesque, mais avec la jambe arrière fléchie, pointe en haut, un bras levé.

B

Barre : double barre de bois fixée au mur de la salle de répétition, qui aide les danseurs à maintenir leur équilibre pendant les exercices.

D

Dégagé : pas de danse réalisé en faisant glisser une jambe sur le sol, en l'écartant de la jambe d'appui, qui reste immobile.

Demi-plié : position des genoux à demi fléchis, semelles au sol.

Demi-pointes : chaussons de danse très souples, permettant de se tenir sur la pointe des pieds.

E

Entrechat : saut au cours duquel les pieds passent très rapidement l'un devant l'autre.

G

Grand jeté : grand saut effectué les jambes tendues.

J

Justaucorps : combinaison moulante que revêtent les danseurs.

P

Pas de deux : figure mettant en scène un couple de danseurs.

Plié : fléchissement complet des genoux, talons soulevés.

Pointes : 1. manière de se tenir en prenant appui sur les orteils tendus. 2. chaussons de danse à bout rigide, permettant aux danseuses classiques, après un long entraînement, de « faire des pointes ».

R

Relevé : position des jambes tendues sur pointes, ou sur demi-pointes.

Révérence : salut des élèves à leur professeur en fin de séance, ou des danseurs au public à la fin d'un ballet.

S

Studio : salle où se déroulent les cours de danse, ou salle de répétition des danseurs professionnels.

T

Tutu : costume de scène des danseuses, formé d'une jupe comportant plusieurs volants de tulle, fixée sur un justaucorps.

Index

Remerciements

Les éditeurs tiennent à remercier la Central School of Ballet (*www.centralschoolofballet.co.uk*), qui a aimablement autorisé la prise des photos qui illustrent ce livre.